L'avènement Du Régime Syndical À Verviers: Avec Gravures, Carte, Diagramme & Notes Historiques Originales

Laurent Dechesne

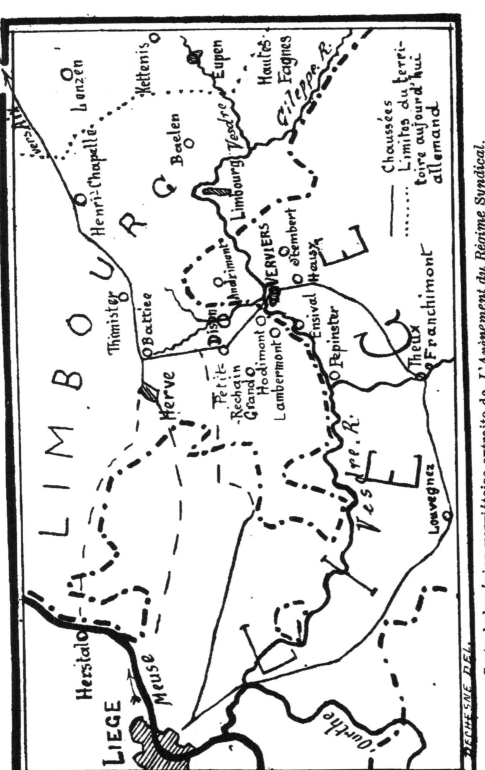

Carte de la région verviétoise extraite de *L'Avènement du Régime Syndical.*

EXTRAIT DE LA PRÉFACE

. . . . *Un évé-
nement récent et considérable dont l'agglomération
verviétoise vient d'être le théâtre m'a décidé à composer ce livre : l'avènement du régime syndical,
après une période de conflits industriels et de grèves
sans cesse renaissantes. Dépeindre cette agitation
et la solution qui vient de lui être donnée, tel est
l'objet principal de ce volume.*

*Est-il besoin d'insister sur l'intérêt qui s'attache
à la description minutieuse et impartiale de ces
sortes de conflits ? Point d'occasion plus propice
pour pénétrer au cœur de la question ouvrière !
A la faveur de la surexcitation produite par la
grève, une foule de griefs et de plaintes viennent
au jour qui, autrement, seraient tenus secrets et
resteraient à jamais ignorés. Les plans de réforme
les plus variés sont proposés et essayés, les organi-
sations ouvrières et patronales, les institutions de
conciliation, manifestent leur existence et révèlent*

au grand jour leurs qualités ou leurs faiblesses. La question ouvrière, qui passionne les esprits, devient l'objet, dans les journaux locaux, d'une discussion constante, approfondie et générale. Tout fait intéressant est enregistré publiquement, éventuellement, rectifié ; griefs, justifications, plans de réforme se réflètent ainsi dans la presse quotidienne d'une façon vivante et détaillée, offrant à l'observateur une masse énorme de documents de premier ordre que quelques interviews *suffisent à compléter et à mettre au point.*

L'agitation qui conduisit, en 1906, à l'établissement du régime syndical dans l'agglomération verviétoise, constitue donc l'objet principal de ce livre. Cependant, on a jugé à propos d'y ajouter un exposé de la situation actuelle de l'organisation syndicale et de son histoire au XVIIIᵉ et au XIXᵉ siècles, ainsi qu'une notice sur Verviers et son industrie dans le présent et dans le passé.

. . . .

———

SOMMAIRE :

Verviers et son industrie dans le présent et le passé. Le syndicalisme dans la région verviétoise, son histoire et sa situation actuelle. Le contrat de travail et la liberté. Les grèves de l'industrie lainière depuis 1895. L'agitation de 1906. Exposé détaillé pour toutes les industries avec de nombreux documents.

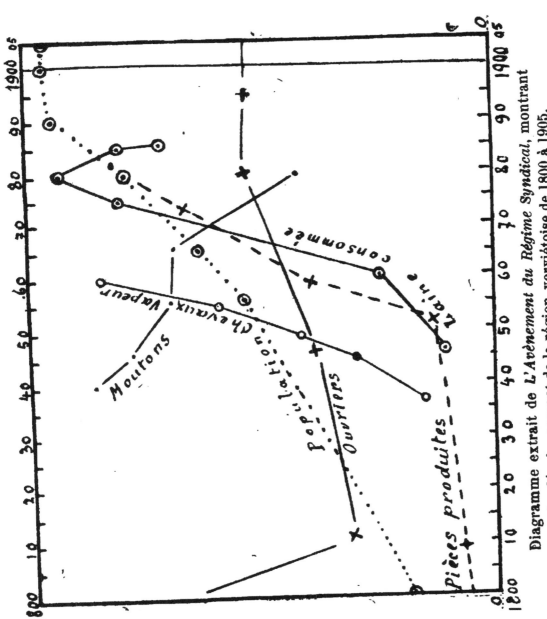

Diagramme extrait de *L'Avènement du Régime Syndical*, montrant
le développement de la région verviétoise de 1800 à 1905.

LA PRESSE :

« Savant travail... Non pas une étude sèche, mais une peinture vivante... Ecrite dans un style attrayant et châtié ».

Le Travail, Verviers.

« Important travail... Forte étude, bourrée de notes, de faits, de documents, allègrement écrite pourtant ».

Flandre Libérale, Gand.

« Monographie intéressante qui se lit sans la moindre fatigue... Style alerte et vif... On lira avec profit ce livre ».

Etoile Belge, Bruxelles.

« Etude forte et documentée intéressant tous ceux qui s'occupent de questions syndicale et ouvrière... »

Moniteur du Commerce Belge.

« Monographie copieuse, impartiale, claire et solide... »

La Meuse, Liége.

« L'impartialité de la page qui nous est offerte, nous fait bien augurer des autres, tout autant que de la réelle science économique de l'auteur. »

Wallonia, Revue Wallonne.

« Ouvrage dont la lecture est du plus puissant intérêt pour tous ceux qui s'intéressent à l'avenir de notre industrie. »

L'Industriel Elbeuvien, Elbeuf.

« Par son exposé impartial et très documenté, l'auteur permet de saisir sur le vif la génèse d'un important mouvement ouvrier... »

Bulletin de la Chambre de Commerce de Paris.

« Cette étude débute avec raison par une histoire de l'industrie verviétoise... elle montre combien les rapports entre l'évolution industrielle et le mouvement syndical sont complexes... »

Revue Internationale de Sociologie, Paris.

« Dechesne a su magistralement dépeindre d'une façon impartiale et extrêmement vivante, en reproduisant tous les documents importants, les années difficiles du mouvement ouvrier dans une région particulièrement industrielle. »

Jahrbuch du Prof. SCHMOLLER, Berlin.

« Le travail du Dʳ Dechesne procède avec beaucoup d'ordre et de elarté et constitue une importante contribution à l'histoire du mouvement social. »

L'Economista, Florence.

« C'est un modèle d'histoire locale et de statistique. »

Political Science Quarterly
Université de Colombie, Etats-Unis.

« Le livre de M. Dechesne offre une mine inépui-
sable de documents précieux à tous ceux qui étudient
la question des grèves... On peut affirmer que les
grèves choisies par l'auteur sont particulièrement
instructives car, comme elles ont eu lieu dans une
seule et même ville et, pour la plupart, dans une
seule et même année, il se fait qu'elles embrassent
ainsi, comme dans un microcosme, tous les aspects
possibles d'une grève... La partie historique du livre
présente ainsi nombre de points instructifs... »

Economic Journal, Revue de la *Royal
Economic Society* de Londres.

« Un éloquent plaidoyer en faveur de ce régime
syndical, sans exagération ni prévention, que beaucoup préconisent aujourd'hui, ainsi que nous-mêmes.
L'auteur, né dans le voisinage immédiat de Verviers,
après de profondes études économiques et sociales
et après diverses autres publications importantes sur
la situation économique de la Belgique, de l'Angleterre, du Japon et de la région verviétoise, s'est
proposé, dans cet intéressant travail, de fournir un
tableau complet et détaillé du développement économique de cette région pendant le dernier siècle, de
l'évolution ouvrière et, plus particulièrement, de
l'avènement du régime syndical. »

Revista Italiana de Sociologia, Rome.

SYNDICATS OUVRIERS

BELGES

Paris, Larose, 1906, 120 pages ; prix : 2.50

RÉSUMÉ

C'est le premier travail d'ensemble paru depuis quinze ans sur ce sujet.

L'auteur donne un aperçu historique du mouvement syndical belge, introduction indispensable à la compréhension de la situation actuelle. Successivement, il étudie les diverses espèces d'association et il en indique les caractères avec les circonstances qui les ont déterminés. En passant, il montre la place occupée par les mutualités et les coopératives dans l'organisation syndicale belge.

Après avoir présenté un tableau statistique des unions ouvrières, il examine, dans les derniers chapitres, les résultats obtenus par les syndicats, leurs aspirations, leurs tendances d'évolution, leurs revendications pratiques, les groupements de syndicats dans les limites nationales et internationales. Un appendice est consacré à la « Fédération de la laine peignée de Verviers », dont l'organisation remarquable et peu connue méritait un examen particulier.

« Le besoin d'une enquête détaillée sur la situation actuelle des associations ouvrières de Belgique se fait vivement sentir », déclare l'auteur. En attendant que ce travail long et ardu ait été entrepris et mené à bien, son livre permettra au lecteur de s'orienter parfaitement sur le mouvement syndical belge.

Une table des matières détaillée permet, d'ailleurs, de trouver immédiatement le renseignement dont on a besoin.

L'auteur a suivi une méthode rigoureusement scientifique ; il a dépouillé tous les documents et s'est informé auprès des praticiens de tous les partis, de façon à obtenir un tableau aussi impartial que possible.

LA PRESSE :

« L'auteur qui est, comme on sait, un économiste distingué, a publié déjà toute une série d'importants travaux, et son nouvel ouvrage ne le cède en rien à ses devanciers. Il sera lu avec le même intérêt et le même profit. »

Organe Industriel du bassin de Liége.

« Œuvre très intéressante et très documentée dont la lecture et l'étude s'imposent à tous ceux qui s'occupent d'économie politique. — M. Dechesne a fait œuvre extrêmement utile. Une place est marquée pour son livre dans la bibliothèque des juristes et des économistes. »

Express, Liége.

« Tous ceux que la question intéresse y trouveront des séries de faits précis, de chiffres, de dates, etc. »

Flandre Libérale, Gand.

« Le livre, aussi clair que bien documenté, est le seul qui permette de voir le développement des Syndicats ouvriers en Belgique jusqu'à leur situation présente... Il y a bien des choses à glaner dans cette étude-ci. »

La Meuse, Liége.

« Il constitue, pour les militants de nos Syndicats, une documentation très scrupuleuse..., la plus complète que nous ayons eue jusqu'à ce jour... Il comblera un vide dans nos bibliothèques syndicales. »

Le Travail, Verviers.

« Le livre de M. Dechesne rendra aux camarades qui veulent s'instruire du mouvement belge bien des services. »

Revue Syndicaliste, Paris.

« Cette étude, non seulement contient des renseignements précieux sur l'état des syndicats belges au moment actuel, mais présente une vue d'ensemble très remarquable qui fait pénétrer profondément dans cet intéressant sujet... Contribution très utile à l'étude des questions ouvrières. »

Revue Internationale de Sociologie, Paris.

« Au point de vue documentaire, la partie la plus intéressante de l'ouvrage est l'appendice consacré à la Fédération de la laine peignée de la région verviétoise... Comme toutes les autres publications de l'auteur, c'est un travail consciencieux, objectif et clair... »

Kritische blaetter fuer die gesamten social wissenschaften, Berlin.

« Le nouvel ouvrage de M. Dechesne ne le cède en rien à ses devanciers. Il sera lu avec le même intérêt et le même profit. »

Echo de l'Industrie, Charleroi.

« Fournit des renseignements très précis et très nombreux. »

Revue d'Economie Politique, Paris.

L'Évolution économique et sociale
de l'Industrie de la laine en Angleterre

Paris, LAROSE 1900. — 300 pages et deux diagrammes.
Fr. 3.50. — Ouvrage ayant valu à son auteur le titre
scientifique de Docteur spécial en économie politique,
lui conféré par l'Université de Liége.

« Cet écrit mérite une attention particulière à deux
points de vue : l'auteur a pu mettre à profit les connaissances sérieuses qu'il possède en ce qui concerne
l'industrie et la législation industrielle et sociale des
Etats modernes et obtenir ainsi une vue plus juste
du passé ; et, d'autre part, étant très familiarisé avec
les ouvrages des écrivains allemands les plus récents
en matière d'histoire économique et sociale, il s'est
trouvé en mesure d'apprécier aussi à ce point de vue
particulier si intéressant. les faits actuels dont l'importance échappe facilement à ceux qui n'ont qu'une
éducation de statisticiens. L'auteur était donc admi-
rablement préparé pour écrire une histoire de l'industrie de la laine de l'Angleterre depuis ses origines
jusqu'à l'époque actuelle, une tâche entreprise ici
pour la première fois sous forme de monographie.
La plus grande partie de l'ouvrage s'occupe du
présent, ou plutôt de la seconde moitié du XIX° siècle,
et traite de la grande industrie moderne ; sous ce
rapport, on peut le comparer au livre analogue si
connu de Schulze Gaevernitz, qu'il complète excel-
lemment... et la circonstance que l'auteur a séjourné
plus longtemps sur les lieux et examiné de ses
propres yeux le district industriel donne à cette
partie une valeur particulière. Cependant, les chapitres qui précèdent sont plus qu'une simple intro-

duction historique, car l'auteur, tout en se servant de matériaux fournis par les écrivains antérieurs, les a groupés et expliqués d'une façon personnelle... Une bonne représentation graphique des fluctuations des salaires pendant le xix⁰ siècle est annexée à l'ouvrage. Bref, l'auteur a réuni dans cet écrit, d'une manière habile et intéressante, les résultats particuliers acquis par les recherches antérieures, en y ajoutant, pour la dernière période, des faits nouveaux, le tout réuni en un exposé d'ensemble facile à embrasser d'un seul coup d'œil et bien propre à inviter les chercheurs à de nouvelles investigations. »

Annales de Législation du Prof. SCHMOLLER, Berlin.

« C'est un excellent exposé du rôle joué par cet importante industrie en Angleterre... Cet ouvrage est de beaucoup le meilleur qui ait encore été publié sur ce sujet et il faut espérer qu'il en paraîtra bientôt une traduction anglaise. »

Annals of the American Academy of political and social Science, Philadelphie, Etats-Unis.

« Ce qui en rehausse la valeur, c'est l'analyse soigneuse qu'il contient des diverses manipulations que comprend la fabrication, la distinction clairement établie et observée entre l'industrie des cardés et celle des peignés, et enfin l'arrangement convenable des tableaux de statistique dispersés à travers l'ouvrage. M. Dechesne, vu son éducation germanique, ne se borne pas à des généralités sur les entreprises industrielles, mais il nous renseigne sur l'organisation interne du monde des affaires dans le

Yorkshire... ; et les influences françaises qu'il a subies l'ont porté à accorder beaucoup d'attention au niveau d'existence des ouvriers, dont il nous fournit un budget intéressant... L'ouvrage de M. Dechesne est très utile. »

Economic Journal, Londres.

« M. Dechesne, après avoir patiemment réuni tous les matériaux qui, de près ou de loin, semblaient présenter quelqu'intérêt au point de vue économique, s'est efforcé de voir à travers ces faits les vérités générales qui pouvaient s'en dégager. De la sorte, il est parvenu à composer une étude positive du plus grand intérêt. Les recherches de l'auteur ont été soigneusement conduites et elles ne laissent dans l'ombre aucun aspect de la question. »

L'Economista, Florence.

« Cet intéressant ouvrage fait encore preuve de l'intrépide zèle et de l'indépendance d'esprit que les lecteurs de cette Revue ont à diverses reprises eu lieu d'estimer en M. Dechesne. »

Revue d'Economie politique, Paris.

« ...étude laborieuse et remarquable en tous points... L'intérêt du livre réside dans la description méticuleusement documentée que nous fait l'auteur. Nul mieux que lui n'a suivi la filière des transformations qui se sont opérées dans cette industrie... Le livre de M. Dechesne, qui suit à travers le temps l'évolution économique d'une industrie, est du plus haut intérêt. »

Annales de l'Institut des Sciences sociales,
Bruxelles.

« M. Dechesne a suivi, dans son très intéressant ouvrage, la méthode scientifique la plus rigoureuse, réunissant un ensemble de faits des plus complets et les classant de telle sorte que les conclusions s'imposent pour ainsi dire d'elles-mêmes. L'auteur excelle d'ailleurs à les mettre en lumière. En résumé, ce livre est l'histoire complète de l'industrie lainière anglaise, non l'histoire banale qui s'attache à la simple énumération des faits, mais l'histoire conçue suivant une méthode nouvelle et toute moderne, qui considère le fait surtout pour en déterminer les causes et les conséquences. Ce livre... sera lu avec le plus grand profit par toutes les personnes qui s'intéressent, à des titres divers, à l'industrie lainière ou à l'industrie en général. »

Revue textile, Roubaix.

« Le livre de M. Dechesne, rédigé à la suite d'une enquête minutieuse et d'un séjour de huit mois en Angleterre, offre un vif intérêt. »

Revue historique, Paris.

La grève contre le tissage à deux métiers dans l'industrie lainière de Verviers en 1895-96

SOMMAIRE. — La Grève de 1895. La grande Grève de 1896. Observations sur la Grève des deux métiers.

« Une excellente étude économique et sociale, bien documentée et tout à fait impartiale sur les grèves de Verviers. L'auteur fait un récit détaillé des évènements et en indique avec beaucoup de sagacité les causes et les conséquences sociales, économiques et industrielles. Il y a là plus que l'examen d'une grève particulière et le travail de M. Dechesne est une très bonne contribution à l'étude de cette question des grèves, si grosses de conséquences pour l'industrie. »

Revue textile, Roubaix.

La productivité du travail et les salaires

Paris, Larose. — 64 p. et une planche de 14 diagrammes.

« Nous ne saurions donner une meilleure idée de cette remarquable brochure qu'en en reproduisant ci-après le sommaire :

La hausse des salaires au XIXe siècle. La productivité et ses divers éléments. La productivité personnelle de l'ouvrier. Celle de la nature et de l'outillage. La productivité économique. Recherches statistiques sur les rapports entre la productivité et les salaires, 14 diagrammes. »

Revue textile, Roubaix.

« ...ouvrage très documenté et éclairé de diagrammes... une excellente contribution à l'étude des facteurs primordiaux des variations de salaire. Nous terminons en exprimant l'utilité, pour ceux qu'intéresse la question des salaires, de lire l'exposé clair et très documenté de la formule de la productivité du travail que nous présente le travail de M. Dechesne. »

Revue de l'Université de Bruxelles.

L'Expansion économique de la Belgique

Paris, Larose 1900. — 70 pages.

SOMMAIRE. — Son importance. Comment elle peut se faire L'orientation nouvelle. L'expansion économique au point de vue national.

————

« En soixante-dix pages, M. Dechesne présente la question de l'expansion économique de la Belgique, sa nécessité et ses moyens. L'exposé en est fait en quelques traits clairs et succincts et dont l'intérêt propre est accru par leur caractère d'actualité... travail d'ailleurs excellent. »

Revue de l'Université de Bruxelles.

« Ce travail est, comme le précédent (*Productivité et Salaires*), intéressant à plus d'un point de vue et constitue un appoint sérieux à l'étude de cette question. »

Annales de l'Institut des Sciences sociales.

« M. Dechesne... étudie d'une façon excellente, l'expansion économique de son pays... Excellente étude, en résumé, qui ne peut manquer d'intéresser vivement... »

Revue textile, Roubaix.

————

La Spécialisation et ses conséquences

SOMMAIRE. — La théorie de la spécialisation avant Smith. La division du travail selon Smith. Les distinctions établies par Buecher. La division du travail d'après les autres économistes du XIXᵉ siècle. L'association du travail d'après les économistes. La spécialisation d'après les naturalistes. La spécialisation selon les sociologues. La division du travail concerne en réalité toute la production. C'est la spécialisation et non la division qui est essentielle. La coopération simple et la coopération complexe. Les diverses espèces de spécialisation et de coopération de la production. La tendance à la plus grande productivité comme cause de la spécialisation de la production. Comment la spécialisation favorise la production. Les limites de la spécialisation et de la coopération de la production. La hiérarchie. L'interdépendance. La solidarité. La liberté.

———

« Ce nouvel ouvrage de notre compétent et très distingué collaborateur est concacré à l'étude de la division du travail. M. Dechesne y donne une nouvelle preuve de son excellente méthode de travail, de ses connaissances approfondies, de l'indépendance de son esprit, bref, de toutes les qualités qui ont fait de lui un de nos meilleurs économistes. — Ce nouveau livre est à lire et à conserver, car il constitue un travail complet sur la question et il sera souvent utile d'y recourir. »

Echo de l'Industrie, Charleroi.

« Cette étude... se recommande par des qualités sérieuses... . . . . l'œuvre de M. Dechesne, est en tous points intéressante. »

Revue de l'Université de Bruxelles.

———

La conception du droit et les idées nouvelles

Paris, Larose, 1902, 146 pages
(Traduction espagnole en préparation)

SOMMAIRE. — Indépendance individuelle. Inégalité naturelle des hommes. Solidarité sociale. Justice distributive.

———

« M. Dechesne montre avec vigueur que la solidarité est une conséquence morale de l'inégalité naturelle des hommes, que l'égalité véritable consiste dans la proportion des droits aux aptitudes, des devoirs aux pouvoirs, des charges aux moyens dont un homme dispose... Aisé à lire, plein de bonne foi...

Revue Internationale de Sociologie.

» M. Dechesne expose tout un système de philosophie sociale... Cela n'empêche pas que, sur bien des points, les théories de l'auteur ne nous paraissent très justes. »

Revue d'économie politique, Paris.

« Il ne nous reste qu'à rendre hommage à la formule à laquelle aboutit M. Dechesne, formule qui, partant de l'inégalité, érige en principes la justice distributive et la solidarité sociale. »

Revue de l'Université de Bruxelles.

———

La Misère et ses remèdes

Paris, Larose, et Liége, Gnusé, 1908.

(58 pages de petit texte).

SOMMAIRE. — Enseignements de l'histoire. — Qu'est-ce que l'indigence ? — Principes fondamentaux. — Prévoyance ou assistance. — Droit à la vie et droit à l'assistance. — Assistance publique ou privée. — Intervention des pouvoirs publics. — Rôle de la prévoyance sociale.

———

« Etude intéressante... Livre de doctrine solide. »

Meuse, Liége.

« Etude bien écrite, bien ordonnée, systématique et complète. »

Flandre libérale, Gand.

« M. Dechesne examine la question sous toutes ses faces. »

Express, Liége.

« Ce travail documenté se recommande à tous ceux qui s'intéressent aux questions sociales. »

L'Economie, Tournai.

———

La Concurrence industrielle du Japon

avec une carte et trois diagrammes.
Ouvrage traduit en japonais.

SOMMAIRE. — Le Japon, ses ressources, ses industries. —
Question sociale. — Taux élevé de l'intérêt. — Coût de
la main-d'œuvre. — Hausse des salaires et des subsis-
tances. — Le péril jaune. — Le vrai péril pour les petits
pays de l'Occident.

———

*«Excellent travail... concentre beaucoup de choses
intéressantes. »*

Echo de l'Industrie, Charleroi.

« Conférence des mieux documentées sur le
Japon... question traitée avec méthode, en un lan-
gage élégant et concis... remarqué la clarté avec
laquelle le conférencier a exposé son sujet. »

Journal **La Meuse**, Liége.

« Résumé intéressant dont l'exposé se complète de
plusieurs diagrammes. »

Revue de l'Université de Bruxelles.

« L'étude de M. Dechesne est intéressante. »

Revue d'Economie politique, Paris.

———

DU MÉME AUTEUR

———

Les Publications dont le prix est indiqué sont en vente à la
Librairie LAROSE et TENIN, à Paris.

———

ÉCONOMIE POLITIQUE ET SOCIALE

L'Evolution économique et sociale de l'Industrie de la Laine en Angleterre, 1900.
— 300 pages et 2 diagrammes . . . .   fr. 3.50

La Productivité du travail et les salaires,
1899, 64 pages et 14 diagrammes . .. .   fr. 3.00

La Spécialisation et ses conséquences, 1901.
108 p. p. . . . .   fr. 2.50

*La Grève contre le tissage à deux métiers
dans l'Industrie lainière de Verviers
en 1895-96* (Etude économique et sociale),
1897. — 75 pages . . . .   fr. 2.00

*Recherches statistiques sur les progrès de
la grande industrie en Allemagne* (brasseries, distilleries, sucreries), 14 pp. et
1 diagramme, 1897. — Revue universitaire, Bruxelles.

ÉCONOMIE POLITIQUE

Influence de la monnaie et du crédit sur les prix, 19 pp. et 1 diagramme. — Extr. de la *Rev. d'Economie politique*, Paris, 1904 . . . . fr. 1,50

La Crise imminente; 1900. — Revue de Belgique.

La Crise de 1901. — Rev. d'économie politique 1902.

Le Mercantilisme des pays neufs et la Crise des industries russes. — Même Revue 1903.

La Crise américaine. — *Echo de l'Industrie*, Charleroi, 1904.

La Crise du coton. — (Une phase de la réorganisation de l'économie nationale). Même Revue 1904.

La Panique financière aux Etats-Unis, 4 diagrammes, extrait du *Bulletin des Elèves sortis de l'Ecole industrielle de Liége*, 1908. (Epuisé).

Le Dumping. — *Echo de l'Industrie*, Charleroi, 1905.

Le Protectionisme américain. — Même Revue, 1902.

GÉOGRAPHIE ÉCONOMIQUE
ET SOCIALE

La Concurrence industrielle du Japon, 32 pp., une carte et 3 diagrammes. Paris, Larose, 1905 (Traduit en japonais) . . fr. 2.00

L'Expansion économique de la Belgique,
1900 ; 70 pp. . . . . fr. 1.50

*L'Industrie du charbon en Belgique et les nouveaux
gisements de la Campine*. Rev. d'économie politique, 1904.

The New Coal-Beds in Belgium. — *Economic journal*, 1903.

L'Evolution des Etats-Unis. — Echo de l'Industrie, 1902.

Le Canal interocéanique. — Même Revue, 1903.

L'Espagne nouvelle (A propos d'un livre récent).
— Rev. de Belgique, 1903.

L'Emigration. — Revue de Belgique, 1899.

La Question coloniale en Belgique. — Echo de l'Industrie, 1908 (cinq articles).

*La Marine marchande au point de vue écono-
mique*. — Rapport présenté au Congrès d'expansion économique mondiale de Mons, en 1905, au
nom de la Ligue maritime belge.

La Wallonie et la question des races en Belgique.
Rapport sur la situation matérielle et morale des
provinces wallonnes, présenté au Congrès wallon
de 1905, à Liége.

ECONOMIE SOCIALE

L'Inspection de l'industrie en Autriche, 1897. 35 p.
(Extrait de la Revue d'économie politique). —
Epuisé.

Le Mouvement social évangélique, 1896. 16 pages (extrait de la même Revue). — Epuisé.

La Conciliation industrielle en Belgique, 1897. 12 pp. (extrait de la même Revue).

La Conciliation et l'arbitrage en Nouvelle-Zélande, Revue économique internationale, 1908.

L'Expérience d'un grand industriel allemand sur le terrain des réformes sociales, 1898. — 10 p. Revue d'Economie politique de Paris.

Les Associations ouvrières (Rapport). — Revue universitaire, 1894.

Les Syndicats ouvriers belges. — Paris, Larose 1906, 120 p. . , ... fr. 2.00

L'Avènement du régime syndical à Verviers, 551 pages, gravures, carte et diagramme hors texte. Paris, Larose, 1908. fr. 5.00

Les Syndicats ouvriers en Allemagne, Revue Economique internationale, 1909. (Sous Presse).

Les Associations pour la défense des intérêts patronaux en Allemagne, Revue d'Economie politique, 1909. (Sous presse).

Les Syndicats industriels, Echo de l'Industrie, 1909. (Sous presse).

La réglementation du travail des femmes et des enfants (Rapport). — Revue universitaire, 1893.

La législation du travail aux Etats-Unis. — Trad. de l'anglais, pour le Congrès international du travail de Bruxelles, en 1897.

Rapport sur les industries donnant lieu à l'into-xication saturnine et phosphorique en Belgique.
— Association internat. pour la protection légale
des travailleurs, industries insalubres 1903.

La question de la bienfaisance. — Rev. de Belgique, 1901.

La Misère et ses remèdes, 1908, 58 p. . . fr. 1.00

*La législation sur la réparation des accidents de
travail en Allemagne, France, Angleterre, Belgique.* Journal *La Meuse*, 1901-1902.

Les origines historiques de la législation du travail.
— Echo de l'Industrie, 1905.

———o———

Ingram Content Group UK Ltd.
Milton Keynes UK
UKHW031818190323
418793UK00007B/836

9 781174 220616